LES
PRISONNIERS
FRANÇAIS
EN ALLEMAGNE

PAR

J.-P. LAFORGUE

PASTEUR, PRÉSIDENT DU CONSISTOIRE DE TOULOUSE.

> Souvenez-vous de ceux qui sont dans les liens comme si vous y étiez avec eux.
> (Héb., XIII, 3.)

Se vend au profit des prisonniers.

TOULOUSE
IMPRIMERIE A. CHAUVIN ET FILS
3, RUE MIREPOIX, 3
—
1871

LES
PRISONNIERS FRANÇAIS
EN ALLEMAGNE.

> Souvenez-vous de ceux qui sont dans les liens comme si vous y étiez avec eux.
> (Héb., XIII, 3.)

La France, notre chère patrie, se trouve dans des circonstances bien douloureuses et traverse des jours bien pénibles. Il n'est personne parmi nous qui ne soit disposé à le reconnaître et qui n'en soit profondément affligé. Tout cœur vraiment patriotique et vraiment chrétien ne saurait échapper à l'impression générale, et pour qu'il en fût autrement il faudrait être sous l'influence des plus déplorables illusions, ou nourrir dans son âme les sentiments les plus fâcheux et les plus condamnables. Je m'assure, mes chers lecteurs, qu'aucun de vous ne se trouve dans cette dernière catégorie; et que vous surtout qui avez appris de l'Evangile à aimer la patrie, à désirer son vrai bonheur, vous gémissez de sa position présente et vous êtes douloureusement affectés de ses malheurs et de ses détresses.

Dans cette situation, nous avons beaucoup à faire pour elle. Aussi de nombreux appels nous sont-ils adressés, soit en faveur des jeunes soldats qui vont combattre l'ennemi commun et dont il faut compléter l'équipement, soit en faveur de nos pauvres blessés, soit pour venir en aide aux contrées dévastées, et dans lesquelles un si grand nombre de nos compatriotes sont exposés à de si nombreuses et de si grandes privations. Mais qui de nous oserait s'en plaindre? C'est le moment ou jamais de nous imposer des sacrifices et de le faire largement, spontanément et chrétiennement! Hélas! nous oublions aisément cette obligation, surtout dans les temps de prospérité; mais dans l'épreuve Dieu prend soin de nous la rappeler. D'ailleurs, de même que si nous voulons jouir des bienfaits de l'Evangile, nous devons concourir à son triomphe et accepter les charges qu'il nous impose, de même, si nous voulons participer aux bienfaits de la civilisation, de la liberté et de la paix dans notre chère patrie, nous devons nous imposer des sacrifices. Aujourd'hui nous venons vous adresser un appel en faveur de nos soldats prisonniers, retenus dans un grand nombre de villes d'Allemagne, et dont quelques-uns sont captifs, loin de la patrie, depuis plusieurs mois. Nous venons vous engager à faire pour leur soulagement tout ce qui est en votre pouvoir. Nous venons vous dire avec saint Paul : Souvenez-vous de ceux qui sont dans les liens comme si vous y étiez avec eux, et nous espérons que Dieu lui-même touchera vos cœurs et qu'il vous disposera à répondre favorablement à notre appel.

Nous ne nous arrêterons pas à vous parler du nombre de nos prisonniers ou des causes qui ont amené leur captivité. Qu'il nous suffise d'observer qu'à aucune époque de notre histoire on n'a enregistré un fait analogue, et qu'il faut remonter aux temps où l'on transportait des peuples entiers loin de leur patrie pour les implanter sous d'autres climats et s'emparer de leurs pays, ou bien aux années des plus mauvaises et des plus déplorables persécutions. Qu'il nous suffise de dire qu'en présence de la diversité d'appréciation au sujet des causes qui ont amené de si désolants résultats et du caractère politique qui se mêle à cette question, nous aimons mieux n'émettre aucun avis absolu et laisser au temps et aux investigations qui seront faites plus tard le soin de prononcer en dernier ressort.

Quoi qu'il en soit de leur nombre et des causes de leur captivité, nos compatriotes sont dans les liens; et quel que soit le lieu où ils se trouvent, ils sont prisonniers. Dans les liens! prisonniers! Que ces mots sonnent péniblement à nos oreilles, et qu'ils révèlent une situation triste! Alors même que l'on soit captif pour la justice, le droit, la vérité, pour la patrie, pour une cause sainte, qu'il est pénible d'être captif et captif sur la terre étrangère. Quand les Israélites avaient été transportés à Babylone après les désolations et la ruine de Jérusalem, et qu'on leur disait de chanter des cantiques, ils répondaient : « Comment pourrions-nous chanter les cantiques de la patrie sur une terre étrangère? Jérusalem, si je t'oublie, que ma droite s'oublie elle-même; que ma langue soit attachée à mon palais. » — Et ils suspendaient leurs harpes aux saules des rives de l'Euphrate. Quand nos pères étaient persécutés et condamnés à l'exil, ils trouvèrent en Suisse, en Hollande et en Angleterre un accueil sympathique et bien fait pour adoucir leurs regrets ; mais la pensée de leur captivité était toujours pénible à leur cœur, et ils soupiraient après la patrie, comme nous l'apprennent les sermons du grand Saurin. Vous n'avez pas oublié, je m'assure, les chants mélancoliques et émouvants du patriote Italien qui gémit de si longues années dans les prisons de l'Autriche. Aussi, nous pouvons le dire, le mot de prisonnier révèle un état malheureux, et nos pauvres soldats, placés dans les diverses forteresses de l'Allemagne, n'échappent pas à la loi ordinaire.

Du reste, ne nous bornons pas à ces considérations générales ; essayons de nous rendre compte de leur situation. Cette situation, quelle est-elle?

Nos prisonniers souffrent de se trouver loin de leur patrie ; il leur est pénible et douloureux d'être retenus sur un sol étranger. Je sais, il est vrai, qu'ils sont les objets d'un double reproche ; les uns, au nom du principe de la fraternité universelle, leur font un crime de leur patriotisme ; les autres les accusent d'en manquer. Mais nous pensons qu'on se fait illusion à ce double point de vue. Ces idées de fraternité universelle sont prématurées. Sans doute, nous croyons à une fraternité universelle ; nous croyons que, selon les promesses de Jésus-Christ, tous les peuples se regarderont comme frères, et qu'il n'y aura plus de barrières élevées entre eux. Nous croyons qu'un jour viendra dans lequel toute âme d'homme portera en elle-même le principe de la vraie fraternité, parce qu'elle le puisera en Jésus-Christ, seule source de tout amour vrai et profond. Mais, en attendant que ce moment vienne, nous devons tenir compte des circonstances, respecter et même encourager le patriotisme dans ce qu'il a d'élevé et de vraiment louable. Quant à nos prisonniers, nous croyons qu'ils éprouvent un profond chagrin de se trouver éloignés de leur patrie; cette terre qui les a vus naître, qui nourrit et protégea leur enfance, qui leur rappelle tant et de si doux souvenirs, leur est toujours chère; ils voudraient la revoir, et parfois ils tournent vers elle leurs regards anxieux et attristés; le souvenir du pays les émeut jusqu'aux larmes, et, comme me l'écrivait, ces jours passés, un jeune prisonnier, captif depuis

Metz, ils brûlent de la revoir. Ce qui déchire encore leur cœur, c'est la pensée de leur patrie malheureuse, souillée et écrasée par l'étranger. Hélas! ils savent peu ce qui se passe au milieu de nous, puisque aucune lettre ne peut les informer exactement de notre situation, et qu'ils se méfient, à bon droit, des nouvelles qui leur sont fournies par les feuilles étrangères ou par ceux qui les entourent. Mais en voyant se prolonger leur captivité, ils peuvent en conclure que l'ennemi foule encore notre sol de son pied vainqueur, et que l'heure de notre délivrance n'a pas encore sonné. Aussi il est facile de comprendre leur inquiétude et leur préoccupation à notre sujet et de se faire une idée de leur découragement. Plusieurs, nous aimons à le penser, regrettent de ne pouvoir servir leur patrie et voudraient s'unir à ceux qui combattent pour sa défense; ils souffrent de demeurer inactifs, tandis que nos jeunes armées luttent pour sa délivrance. C'est là ce que l'un d'entre eux, dont nous avons lu la lettre avec émotion, écrivait tout récemment, et c'est ce qui explique les efforts de plusieurs pour fuir la captivité et rentrer en France au milieu des plus grands périls.

A cette souffrance vient s'en ajouter une

autre, non moins douloureuse pour plusieurs. S'ils sont éloignés de leur patrie, ils le sont aussi, et par cela même, de leur famille. Il en est parmi eux qui ont quitté leur femme et leurs enfants, et qui ont dû s'arracher à leurs tendres embrassements pour répondre à l'appel de la France en danger. Le plus grand nombre ont laissé sur la terre natale de vieux parents dont ils étaient peut-être les soutiens et auxquels ils se sentent d'autant plus attachés qu'ils comprennent que leur absence et leurs souffrances sont pour eux un vide, un chagrin, un sujet constant de tristesse. Il est vrai, et nous en sommes, hélas ! trop convaincus par l'expérience, que, dans notre siècle d'égoïsme et d'indifférence, les liens de la famille se sont relâchés, que les doctrines matérialistes et les mille moyens de dissipation que le monde nous offre depuis quelques années surtout, ont contribué à affaiblir ou à éteindre la vie et l'affection domestiques. Il est vrai qu'on peut constater trop souvent non-seulement de la froideur, mais de l'éloignement, de la répulsion parmi les membres d'une même famille. Il est vrai que la jeunesse légère et mondaine manque souvent de respect, d'attachement à ses parents, et qu'il n'est pas rare de voir des enfants qui sont la honte et la désolation des auteurs de leurs jours, ou qui les abandonnent au temps de l'infirmité ou du malheur! Mais tous n'ont pas subi, d'une manière complète, l'influence du siècle, et quelques-uns d'ailleurs ont des moments dans lesquels ces sentiments se réveillent, se raniment ou reparaissent avec une rare intensité; il en est, nous le savons, que la douleur, le regret, la solitude, la réflexion, la souffrance, ramènent à des sentiments meilleurs. Comme l'enfant prodigue, le jeune homme réfléchit ou s'humilie et s'écrie : « J'irai vers mon père ! » Et n'est-ce pas un de ces moments que celui de la captivité, de l'éloignement, des souffrances sur la terre étrangère? On a dit, je le sais, que l'éloignement affaiblit l'affection. Cela peut être vrai dans certains cas, mais non dans celui-ci, et nous avons pu nous convaincre nous-mêmes, par des lettres qui nous ont été communiquées, combien le sentiment de la famille se développe dans le cœur de plusieurs. C'est là une nouvelle source de souffrance pour nos pauvres prisonniers.

A ces causes viennent s'en joindre d'autres ; souvent l'inaction complète, qui laisse à l'imagination et au cœur une trop grande liberté et fait que les heures sont des jours, et les jours des mois ou des années ; parfois, le peu de sympathie ou le regard altier, presque dédaigneux, de ceux qui les entourent et que leur malheur paraît réjouir ; ou bien des paroles blessantes, que tous ne comprennent pas, mais dont il est facile de distinguer le sens par la manière dont elles sont prononcées ; ce sont là, pour le grand nombre de nos prisonniers, des sujets de douleur et de souffrance morale.

Mais nos prisonniers n'ont pas seulement des souffrances morales à supporter. A celles-ci viennent se joindre des souffrances physiques qui sont pour beaucoup plus poignantes et plus difficiles. Quelques-uns étaient souffrants quand ils sont tombés entre les mains de l'ennemi ; les fatigues et les privations de la guerre les avaient épuisés et accablés ; ils étaient devenus malades, et leur maladie n'a fait que s'aggraver ; de telle sorte qu'ils languissent sur la terre étrangère, ayant la triste perspective d'y mourir et de ne pas revoir une fois encore cette patrie qui leur est chère, de ne pas embrasser ces vieux parents qui leur ont donné leur bénédiction à leur départ et qu'ils espéraient retrouver bientôt.

D'autres étaient privés de nourriture depuis quelques jours; leur corps, plus robuste, a pu supporter les privations et peut les supporter encore; mais ils amassent pour toute leur vie des maux et des infirmités qu'ils n'auraient pas connus et dont ils croyaient être toujours garantis. Comme nous étions dans une saison favorable au moment où la guerre fut déclarée, plusieurs étaient peu couverts; après plusieurs mois de combats, leurs habits étaient en partie usés ou déchirés, et c'est dans ce costume qu'ils ont dû aborder les rigueurs de la saison dans un pays beaucoup plus froid que le nôtre. Hélas! il en est même chez lesquels tous ces caractères se trouvaient réunis! Aussi dans quelle situation désastreuse ne se sont-ils pas trouvés, quand, après plusieurs jours de marche, plusieurs jours de fatigues nouvelles et de nouvelles privations, ils sont arrivés dans les dépôts qui leur avaient été assignés en Allemagne! Sans doute on s'est occupé d'eux, spécialement de leur nourriture, et on leur a donné, sous ce rapport du moins, une partie de ce qu'il leur fallait, peut-être tout ce que permettaient l'épuisement des villes, les lourdes charges qu'impose à notre ennemi la guerre à outrance qu'il nous fait, le nombre de nos prisonniers, car il faut être juste, même envers ses ennemis. Mais, hélas! cette nourriture était, elle est insuffisante. Et que dirons-nous de leurs vêtements et des camps faits à la hâte, hors des villes et dans lesquels ils sont entassés, au milieu de la terre humide ou détrempée, sans avoir de quoi se préserver de la rigueur de la saison? Sans doute, ces souffrances ne sont pas égales pour tous; il en est qui sont mieux traités que d'autres; ils rencontrent plus de sympathie; ils avaient peut-être quelques ressources personnelles, ou bien ils étaient plus habitués, et cela de longue date, aux privations de toute nature, qu'un certain nombre d'autres soldats qui jouissaient, depuis leur enfance, de tous les avantages d'une condition plus heureuse; mais tous souffrent physiquement et moralement, comme les lettres particulières, les correspondances générales et les rapports faits par des hommes compétents et impartiaux le déclarent formellement. Ici c'est un jeune homme appartenant à une bonne famille; il est couvert de haillons, il couche en plein air et il est obligé, pour se procurer une nourriture suffisante, de concasser des pierres sur la route ou de creuser des fossès dans un cimetière ; là ce sont six mille prisonniers qui émeuvent jusqu'aux larmes une institutrice française, qui se trouve accidentellement dans la ville qui leur sert de prison ; leur costume est dans un état de délabrement indescriptible, et leurs figures, pâles et livides indiquent leurs grandes souffrances. Ailleurs, ce sont de pauvres prisonniers qui sont criblés d'infirmités ; ils peuvent à peine être transportés par les plus valides de leurs camarades, et ils excitent chez les membres d'un Comité qui s'intéresse à leur position les sentiments les plus douloureux. Partout c'est la souffrance, partout nos pauvres prisonniers sont dans les conditions les plus malheureuses et par conséquent les plus dignes de notre sympathie.

Et que serait-ce encore, si, de plusieurs contrées de l'Europe, des âmes généreuses et chrétiennes ne s'étaient émues de cette situation et n'avaient cherché à l'adoucir ? Que serait-ce, si des collectes n'avaient été organisées en Suisse, en Belgique, en Italie, en Angleterre, et si des secours en vêtements, en nourriture, en argent, ne leur avaient été envoyés ? Aussi nous ne saurions trop témoigner notre reconnaissance à ces âmes sympathiques qui, sans distinction de nationalité ou de culte, ont voulu tendre une main fraternelle à nos frères malheureux et ont contribué de cette manière à alléger leurs maux ! Qu'elles reçoivent ici l'expression de notre vive gratitude et de nos vœux sincères ! Que Dieu leur rende en bénédictions de toute nature le bien qu'elles ont fait à nos chers et malheureux prisonniers !

Mais ici se pose maintenant devant nous une question sérieuse. Dans cette situation, que devons-nous faire ? A cette question, nous ne pouvons faire qu'une réponse ; c'est celle de l'apôtre saint Paul dans le chapitre XIII des Hébreux, V, 3 : « Souvenez-vous, » dit-il, « de ceux qui sont dans les liens, comme si vous y étiez avec eux. » Voilà, en effet, notre devoir. Nous devons nous souvenir d'eux, et nous en souvenir comme si nous étions captifs avec eux, comme si nous étions à leur place. Nous savons qu'il est difficile de se faire une idée exacte d'une souffrance qu'on n'a pas éprouvée, qu'il est difficile de sentir ce que d'autres sentent dans telle circonstance qui nous est inconnue ; mais ici surtout, et avec l'aide de notre imagination, ou plutôt de la charité chrétienne, qui est une source si féconde de lumières dans des choses de cette nature, nous pouvons savoir tout ce que renferme cette parole : « Souvenez-vous. » Nous n'avons pour cela qu'à nous demander ce que nous voudrions qu'on fît pour nous si nous étions prisonniers, loin de la patrie, de la famille, et exposés à la nudité, à la faim, à la soif et à tous les maux d'une dure captivité. Nous n'avons qu'à nous placer devant cette autre parole de Jésus-Christ, quand il nous dit : « Faites aux autres ce que vous voudriez qu'ils vous fissent. »

Nous devons nous souvenir de nos prisonniers, non pas une fois, dans de rares circonstances, quand on nous parle d'eux, mais souvent, ou plutôt sans cesse, de manière à ce que leur pensée se présente à notre esprit dans nos circonstances les plus diverses. Nous devons nous en souvenir partout, et surtout devant Dieu dans nos prières pour lui demander de remplir leur cœur de résignation et de confiance, de leur donner la force de supporter leurs épreuves, de leur faire trouver une cordiale sympathie et de faire cesser bientôt le temps de leur douloureuse captivité. Dans nos prières individuelles, quand nous sommes seuls à seuls avec Dieu, dans le secret de notre cabinet, nous devons prier pour eux, insister auprès de Celui qui est le dispensateur de tout bien, et qui veut, à cause de Jésus-Christ, nous donner toutes les choses qui nous sont nécessaires. Dans nos cultes domestiques, quand nous unissant à notre famille nous venons assiéger le trône de la grâce, nous devons faire à nos prisonniers une large part dans nos prières et insister pour eux auprès du Seigneur. Lorsque nous nous réunissons dans nos temples, lorsque l'Eglise invoque et supplie, c'est encore d'eux qu'il faut nous souvenir, insistant ensemble, auprès de notre commun Père et Sauveur; selon l'exemple du patriarche, ne pas le laisser aller qu'il n'ait favorablement répondu à nos prières.

Mais nous devons faire plus que penser à nos prisonniers et prier pour eux. Nous devons nous occuper d'eux, et chercher, par tous les moyens que Dieu met à notre disposition, à leur venir en aide. Nous devons faire tout ce qui est en notre pouvoir pour adoucir, améliorer, faire cesser leur position. Dans ce moment, nos moyens sont nombreux pour leur faire parvenir soit des secours individuels, soit des secours collectifs. Grâce aux efforts du gouvernement de la Défense nationale, et à ceux de la Société internationale qui a fondé un comité spécial de correspondances à Bâle, grâce au départ de quelques hommes dévoués qui vont visiter nos prisonniers dans leurs dépôts en Allemagne, non-seulement pour s'informer de leur état, mais pour leur apporter un soulagement réel, nous pouvons répondre en partie à leur légitime désir et satisfaire à leurs immenses besoins. Nous pouvons leur envoyer des livres de lecture pour les distraire, les délasser et surtout les édifier ; nous pouvons leur faire parvenir des lettres qui les informent de l'état de leur famille et soient pour leur cœur un encouragement et une consolation ; nous pouvons leur adresser de l'argent, des vêtements, des provisions, afin de restaurer leur corps, et de les garantir, du moins en partie, des rigueurs de la saison et de la captivité. Et dans ces conditions, puisque nous pouvons avoir l'assurance de les soulager et d'adoucir leurs maux, que ne devons-nous pas faire ? quels sacrifices particuliers et généraux ne devons-nous pas nous imposer ?

Et ici, qu'on ne nous dise pas que nos prisonniers ne sont pas dans les conditions de ceux auxquels l'Apôtre fait allusion dans les paroles que nous avons citées. Sans doute saint Paul avait en vue des chrétiens qui souffraient pour l'Evangile, pour la sainte cause de la vérité chrétienne; mais ne pouvons-nous pas faire l'application de sa pensée ou de ses exhortations à une autre sphère? n'est-ce pas d'ailleurs une cause sainte, que celle de la patrie, de la civilisation chrétienne; que la défense de nos droits, de notre foyer, de notre famille? Et d'ailleurs, serait-ce à nous à leur jeter la pierre? Hélas! où sont dans ces jours de matérialisme, de mondanité et d'incrédulité ceux qui souffrent quelque chose pour le nom de Jésus-Christ? où sont ceux qui ont le courage viril nécessaire pour soutenir énergiquement et avec persévérance la cause de Dieu? Que cette pensée ne nous arrête donc pas, et qu'elle ne ralentisse pas notre élan; qu'elle ne rétrécisse pas notre cœur!

Qu'on ne nous dise pas non plus que ces pauvres prisonniers ont été peu courageux, qu'ils ont eu le tort de ne pas combattre jusqu'à la mort, et de se livrer honteusement à l'ennemi. Hélas! il en est plusieurs, nous le savons par leurs déclarations formelles, qui ont beaucoup souffert d'être ainsi livrés sans se défendre; ils en ont pleuré de dépit, ils ont même rompu leurs armes, en présence de leurs chefs et de leurs adversaires; et s'ils ont été retenus, ce n'est pas par un esprit de lâcheté, mais par impuissance ou par respect pour des ordres donnés et des engagements déjà pris. — Mais quand même il en serait autrement? Serait-ce à nous, leurs frères, à leur jeter la pierre, à leur refuser notre sympathie et notre dévouement? Serait-ce à nous à les accuser, à les condamner, à les oublier, à leur dire: « Souffrez les maux que vous avez mérités? » Ah! ne serait-ce pas une parole dure, désolante, condamnable? Et nous-mêmes, avons-nous fait tout ce que nous aurions dû? avons nous eu l'esprit de courage, de fidélité, de dévouement que nous aurions du avoir? Et aujourd'hui encore sommes-nous ce que nous devrions être? faisons-nous ce que nous devrions faire? Que cette pensée ne nous arrête point; mais plutôt, souvenons-nous de nos prisonniers.

Qu'on ne nous dise pas, enfin, que c'est beaucoup réclamer : que c'est nous demander beaucoup dans un temps où il faut tant faire pour nos soldats, pour nos blessés, pour nos familles elles-mêmes! Ah! sans doute, on nous demande beaucoup, nous le reconnaissons aisément; mais n'est-ce pas nécessaire? Dans quel temps avons-nous dû faire plus de sacrifices? C'est aujourd'hui le moment. Plus que jamais, nous devons donner à la patrie malheureuse ce qu'elle nous demande de tant de manières. Et d'ailleurs oserions-nous nous plaindre, en présence de tant de nos provinces désolées, et dans lesquelles nos compatriotes ont tout perdu ; non-seulement provisions, mais capitaux, propriétés, maisons... En présence de familles qui sacrifient, non pas de l'or ou des vêtements, mais leurs propres enfants, et qui les donnent courageusement pour la défense de la patrie. Oserions-nous nous plaindre quand il s'agit de notre propre délivrance, de notre relèvement, de notre régénération ! Ah ! ne l'oublions pas, l'amitié, le patriotisme se mesurent à la nature et à la grandeur du sacrifice. Celui qui sacrifie peu aime peu et possède un cœur peu patriotique. Ne l'oublions pas, c'est par le sacrifice de Jésus-Christ que la régénération du monde moral a commencé, et c'est aussi par le sacrifice que doit commencer notre régénération morale et spirituelle dont on parle tant de nos jours, mais dont peu sentent réellement l'importance et surtout connaissent peu le moyen. Ainsi donc, du courage, de l'énergie et du dévouement ! Ne marchandons pas nos sacrifices et en particulier comme ensemble souvenons-nous de ceux qui sont dans les liens, et Dieu lui-même bénira nos efforts, les fera tourner à leur bien et au bien de notre chère patrie, dont il nous fera voir la délivrance.

FIN.

www.ingramcontent.com/pod-product-compliance
Lightning Source LLC
Chambersburg PA
CBHW060859050426
42453CB00011B/2022